ALMAVIVA
ET ROSINE,

PANTOMIME EN TROIS ACTES,

Mêlée de Danses,

Représentée pour la première fois à Paris, sur le Théâtre de la Porte-Saint-Martin, le 19 Avril 1817.

PARIS,

Chez J. N. BARBA, LIBRAIRE, PALAIS-ROYAL,

DERRIÈRE LE THÉATRE FRANÇAIS, n°. 51.

De l'Imprimerie de HOCQUET, rue du Faubourg Montmartre, n°. 4.

1817.

PERSONNAGES.	ACTEURS.
ALMAVIVA, Grand d'Espagne.	M. *Clairançon.*
ROSINE, Pupille de Bartholo, amoureuse d'Almaviva.	Mlle. *Molard.*
BARTHOLO, Docteur, tuteur et amoureux de Rosine.	M. *Moëssard.*
FIGARO, valet intrigant	M. *Labotière.*
SUZANNE, son épouse	Mme. *Pierson.*
BAZILE, maître à danser	M. *Pierson.*
Le père du Comte Almaviva.	
La mère du Comte.	
Le Notaire du lieu.	
L'Alcade du lieu.	
LAJEUNESSE.	
LÉVEILLÉ.	
Une jeune Danseuse de Boléro.	
Andalous, Moutères, Algualzils, etc.	

La scène se passe à quelques lieues de Séville.

ALMAVIVA ET ROSINE,

Pantomime en trois actes, mêlée de Danses.

ACTE PREMIER.

Le Théâtre représente un riche paysage. A droite, du second au quatrième plan, est la maison de campagne du docteur; dans le lointain, on voit le château du Comte.

Au premier plan, à droite, est un trône de fleurs; au premier plan, à gauche, un banc de gason.

SCÈNE PREMIÈRE.

Les Paysans sont occupés à orner la maison de Bartholo, et à élever un trône de fleurs pour la fête de Rosine, que le docteur veut célébrer. Sept heures sonnent: les paysans pressent leur ouvrage.

SCÈNE II.

Figaro entre, il gronde les paysans. Tout devrait être prêt; Rosine est peut-être éveillée. Figaro et les paysans se disputent.

SCENE III.

Bartholo paraît à l'une des fenêtres basses, il fait signe aux disputeurs de se taire; ceux-ci ne l'appercevant pas, continuent. Impatienté, et craignant qu'on n'éveille Rosine, il sort de la maison, remet le bon ordre, et recommande à Figaro de bien disposer tout son monde. Figaro demande à ce docteur de l'argent pour payer ceux qu'il doit employer.

SCENE IV.

Bazile et le notaire qui entrent, font oublier au docteur que Figaro vient demander de l'argent; j'ai rassemblé, dit Bazile, des quadrilles de boléro et de manchégo, dont on chercherait vainement les semblables dans tous les environs de Séville; j'ai de plus fait dresser par monsieur, en montrant le notaire, le contrat que vous voyez; il faut saisir le moment. Si Rosine, touchée de la fête que votre amour lui prépare, vous pardonnait d'être vieux et laid. Le docteur le pousse. Figaro presse Bartholo de lui remettre l'argent demandé, il lui donne une pièce d'or; Figaro lève les épaules, compte le nombre de ceux qu'il a à payer, obtient une pièce de plus, enfin deux, et promet que tout sera prêt.

Les paysans ont entendu ce qu'a dit Bazile, et félicitent Bartholo de son choix; le docteur les remercie, visite le contrat: un article est oublié, c'est celui de la donation de ses biens, que fait Rosine à son futur époux.

Pendant cette scène, Suzanne a trouvé la porte ouverte, elle sort pour parler à Figaro; mais voyant le docteur, elle se cache derrière la maison.

Le docteur donne à Bazile la clef de sa porte pour venir à toute heure surveiller Rosine, sous divers prétextes; et propose d'aller chez le notaire réparer la faute faite sur le contrat. Bazile et le notaire partent les premiers, Bartholo inspecte les dehors de sa maison, il ne voit personne; les jalousies de Rosine sont fermées, il en fait autant de la porte, et court rejoindre Bazile et le notaire.

SCENE V.

Suzanne voit partir Bartholo, cherche Figaro, et lui pardonne son indifférence en faveur de la fête qu'il prépare à sa maîtresse. Elle veut rentrer, mais la porte est fermée; si le docteur la surprend, il ne manquera pas de lui faire payer cher et de mal interpréter son imprudence. Inquiète, elle cherche les moyens de se soustraire à son humeur brusque, lorsqu'elle apperçoit la fenêtre basse qu'il a ouverte le matin, et qu'il a oublié de refermer. Elle rit de sa précaution, et va pour rentrer, lorsque le son d'une mandoline frappe son oreille : c'est Figaro qui revient, elle se cache.

SCENE VI.

Figaro d'abord occupé des couplets de fête, des groupes qu'il a l'intention de dessiner, en est distrait par la pensée de Suzanne, qu'il n'a pas vue le matin; il l'appelle, point de réponse. Il va l'accuser d'indifférence, lorsque Suzanne lui frappe sur l'épaule, lui reproche ce qu'il allait dire, il lui demande pardon. Musique et danse. Figaro baise la main de sa jolie femme, veut la retenir encore; mais elle craint le retour du docteur; elle rentre enfin.

SCENE VII.

Figaro compose la musique, le chant et la danse; il répète la partie qu'il se destine.

Le Comte déguisé et couvert d'un manteau, traverse le théâtre et regarde les fenêtres de l'appartement de Rosine. Appercevant Figaro, il rentre.

Figaro change de côté, va au trône de fleurs, imagine un groupe qui l'enchante, s'applaudit de son ouvrage.

Le Comte croit Figaro parti, s'approche et se trouve nez à nez avec lui; étonnés d'abord, ils se font des excuses. Figaro croit le reconnaître, le comte se rappelle ses traits; et à l'instant où Figaro va se jeter à ses genoux, le comte le retient, l'informe de son amour et de l'intention qu'il a d'épouser Rosine. Figaro lui rend compte de la position de cette intéressante pupille, de l'amour du tuteur, de la beauté de Rosine, et surtout des moyens qu'il a pour aider leurs amours.

Le Comte, sur le conseil de Figaro, prend sa guitare et chante.

Rosine entr'ouvre la jalousie, le comte est au comble de la joie.

Figaro apperçoit de loin Bartholo, Bazile et les quadrilles de danseurs ; il en prévient le comte, l'invite à prendre les habits d'un danseur de fandango et à revenir à la fête, où il pourra trouver le moyen de voir et d'entretenir Rosine. Le Comte approuve son projet, et ils sortent tous les deux.

SCÈNE VIII.

Bartholo, Bazile et les danseurs, les uns portant des fleurs, des corbeilles, d'autres des guitares, des mandolines, des castagnettes, plusieurs enfans portant les petits présens que le docteur destine à Rosine, entrent après une courte répétition de leurs groupes. Figaro, suivi des quadrilles, qu'il a formés, vient se joindre aux premiers.

Bartholo va chercher Rosine.

Groupe général.

SCÈNE IX.

Rosine, conduite par son tuteur et suivie de Suzanne, est flattée ; elle témoigne au galant docteur combien elle est touchée de cette attention. Les bouquets lui sont remis par chaque groupe, les cadeaux par les enfans. La petite Figaro lui présente des vers que son père a faits.

On conduit Rosine vers le trône de fleurs, le

fond s'entrouvre, et laisse appercevoir en transparent : deux colombes se becquetant, avec cette inscription : *Nous nous aimerons comme elle.* Rosine pâlit à cette idée, elle conçoit les projets du docteur et cache son trouble les danses l'ont bientôt dissipée, surtout lorsque Figaro l'instruit que l'inconnu du matin, qui se nomme Lindor, doit venir déguisé en danseur de fandango. Le docteur qui ne perd pas un seul des mouvemens de sa pupile, interprète en sa faveur la joie qui brille sur son visage.

Bazile est depuis long-tems amoureux de Suzanne ; il profite de l'occupation de Figaro pour lui renouveller un aveu dont elle ne fait que rire.

Scène comique entre ces deux personnages.

Elle est interrompue par la chanson que Suzanne est censée chanter, et que Bazile accompagne avec une expression égale à son amour.

(Musique et Danse.)

Figaro et Suzanne. Bazile, seul. Bolero.

Cerceaux et houlettes sur lesquels on lit : — *Bonheur.* — *Amour.* — *Fidélité.* — *Union.*

Bartholo danse ridiculement une espèce d'allemande, dans laquelle il exprime à Rosine le sens qu'il rattache à chacune de ces inscriptions.

(Groupe général.)

Un quadrille nouveau arrive, Almaviva et une jeune danseuse sont à la tête. (*Castagnettes.*)

Rosine a reconnu son amant, Bartholo, étonné, applaudi l'idée de Figaro.

Signes d'intelligence entre le Comte et Rosine, Figaro amuse Bartholo qui applaudit aux talens des nouveaux danseurs.

Bartholo invite Rosine à montrer sa légèreté en dansant, elle s'excuse d'abord; mais le Comte (ou plutôt Lindor) paraît aussi l'y inviter, elle prend place et danse un pas, qui, en ajoutant à l'amour du docteur, achève de lui soumettre le cœur de Lindor.

Bazile qui n'a pas cessé de poursuivre Suzanne, ne s'est pas aperçu de l'intelligence de Lindor et de Rosine; il invite celle qu'il aime à danser; celle-ci, pour distraire son attention, y consent, Bazile s'échauffe; il allait embrasser Suzanne si Figaro ne se fut mis entre les deux. La danse devient générale, le Comte et Rosine s'oublient, Bartholo commence à entrer en soupçon; Figaro parle à l'oreille des deux amans qui s'éloignent l'un de l'autre. Jeux de scène dans lequel Bartholo et Bazile sont le jouet des deux couples d'amans. Bazile encore surpris par Figaro, veut attaquer une danse plus vive, mais il tombe et se foule le pied; tout le monde vient à son secours, il souffre beaucoup; Bartholo va chercher sa canne, la donne à Bazile; Figaro, qui de son côté, avait été chercher une autre canne pour aider Bazile à le soutenir, substitue lestement la

Almaviva. B

sienne à celle de Bartholo, la montre au Comte, comme un moyen de s'introduire.

Le docteur accompagne Bazile à quelque distance, les amans ne perdent pas cet instant ; ils se jurent un amour éternel. Bartholo aperçoit sa pupile en conversation avec l'homme dont il se défie, il vient à eux sur la pointe des pieds; il est prêt d'entendre ce qu'ils disent, mais Figaro suivi des joueurs d'instrumens, passe entre lui et les amans qui changent de côté, Bartholo a beau faire, le bruit des instrumens l'empêche d'entendre les amans, et des quadrilles adroitement disposés par Figaro, ne lui laissent pas le moyen de les joindre. Il est hors d'haleine; il ordonne aux danseurs de s'en aller, fait rentrer Suzanne, enfin Rosine ferme sa porte sur lui, Figaro remet la canne au comte, et s'introduit dans la maison par la fenêtre basse que Bartholo a encore laissé ouverte.

Changement à vue.

Fin du premier Acte.

ACTE II.

Le théâtre représente la grande salle des appartemens de Bartholo; au premier plan, à droite, est une table et un métier à broder, au dernier plan à gauche, un secrétaire, au fond une grande glace cachée par des rideaux, des fauteuils çà et là; aux deux derniers plans, sont deux portes, l'une à droite, celle de l'appartement de Rosine; l'autre à gauche, celle de l'appartement de Bartholo.

SCENE PREMIERE.

Figaro entre en courant, il cherche une cachette; car le docteur est derrière lui; il se met derrière les rideaux qui couvrent la glace.

SCENE II.

Rosine et Suzanne entrent, suivies de Bartholo qui leur reproche leur conduite; il ne s'est pas mépris, l'inconnu est un amant déguisé, il appelle ses valets; et comme ils ne viennent pas, il va les chercher et les met en sentinelle, avec ordre de rosser celui qu'il trouverait rodant autour de sa maison.

SCENE III.

Figaro sort de sa cachette, Rosine, d'abord effrayée, reconnaît Figaro, celui-ci la presse d'écrire à Lindor : ce qu'elle fait à l'instant ; ils entendent du bruit, c'est Bartholo qui revient, suivi de ses deux valets. Figaro prend la lettre, et se remet à son premier poste.

SCENE IV.

Bartholo amène ses valets, fait rentrer sa pupile dans son appartement, Suzanne la suit ; il met ses deux valets en sentinelles devant les jalousies ouvertes du salon, et va chez Bazile, pour l'instruire de la conduite de Rosine.

SCENE V.

Figaro, derrière le rideau, attend pour en sortir que les valets soient à la fenêtre. La Jeunesse se plaint d'un mal de tête excessif, et l'Éveillé, d'un grand mal d'estomac. Figaro conçoit le projet de se débarasser de leur surveillance : l'instant favorable s'étant présenté, il court à la porte et feint d'être envoyé par le docteur, autant pour veiller sur les galans du dehors que pour leur apporter des secours contre le mal qu'ils souffrent : après leur avoir tâté le poul, il donne à l'Éveillé une boîte de pilules narcotiques, et à la Jeunesse une poudre sternutatoire, qu'il avait préparé pour les chevaux d'une écurie voisine ; il leur conseille d'aller se mettre au lit, se chargeant seul de la garde des fenêtres. Les deux domestiques le remercient et sortent.

SCENE VI.

Bartholo revient, il ne retrouve plus ses valets, il se met en fureur : à ses cris, Rosine accourt, et Figaro s'exquive sans être vu. En s'approchant de Rosine, Bartholo aperçoit à son doigt une tache d'encre; il la lui fait remarquer et lui demande à qui elle peut avoir écrit; Rosine lui dit que s'étant brûlée, sur le conseil de Suzanne, elle a mis de l'encre sur la partie affectée, mais le jaloux tuteur a remarqué que les plumes étaient neuves: il en trouve une dont on s'est servi, Rosine lui dit qu'elle en a dessiné une fleur sur son métier à broder. «Bien! dit le docteur, mais j'avais là un cahier de six feuilles de papier, où donc est la sixième? J'en ai fait, répond Rosine, un cornet dans lequel j'ai mis des bombons, et Suzanne la porté à la petite Figaro.» Bartholo obligé de se taire, mais non convaincu, reste comme pétrifié.

SCENE VII.

Figaro en sortant a laissé la porte ouverte; Almaviva entre, déguisé en militaire : il contrefait l'homme ivre; un geste a bientôt rassuré Rosine d'abord effrayée. Le docteur demande au soldat le sujet de sa visite, il ne lui répond pas, et va droit aux deux femmes leur présenter ses civilités; cette action déplaît à Bartholo qui force Rosine et Suzanne de rentrer chez elles. En se retirant, Almaviva lui montre une lettre qu'il voudrait lui faire tenir; mais Bartholo ne leur donne pas le tems de convenir du lieu où il peut la cacher : le comte prend un fauteuil et fait semblant de vouloir dormir, le docteur revient et le trouve dans cette position, lui frappe sur l'épaule, et veut savoir quelle raison l'amène chez lui; le billet de logement que lui remet le Comte, ne suffit pas pour qu'il y demeure, car Bartholo lui montre une exemption de loger les militaires; il veut forcer le comte à se retirer : sur son refus, il le menace, le Comte tire son pistolet, Bartholo, que la frayeur a saisi, se cache derrière un fauteuil. Ses cris ont ramené Rosine et Suzanne, elles appaisent le militaire, et le docteur un peu plus sage, se met entre Rosine et Almaviva : celui-ci après un nouveau débat, fait des folies, et force Rosine à danser une walse dans laquelle il est obligé de se servir de ses pistolets pour contenir le docteur que la colère transporte : Rosine, sur le conseil du Comte, laisse tomber son mouchoir, il jette adroitement la lettre qu'il avait l'intention de lui remettre. L'œil perçant de Bartholo a vu le papier, il court pour le ramasser, mais le Comte le retient, le prend lui-même, le met dans la poche de Rosine d'où il prétend qu'elle est tombée, et fait sauter et gambader de force Bartholo, qui se trouve tellement étourdi qu'il tombe dans un fauteuil. Almaviva baise la main de Rosine et sort.

SCENE VIII.

Bartholo, revenant à lui, veut voir la lettre que le militaire a remise, et ce soldat n'est, selon lui, qu'un envoyé du jeune homme du matin;

Rosine veut le dissuader, mais Bartholo, à défaut de sa bonne volonté, aura la lettre de force; il prend brusquement le bras de Rosine qui jette un cri, et feint de se trouver mal, un fauteuil la reçoit; le docteur court à son secrétaire, y prend une eau spiritueuse, et Suzanne remet à la place de la lettre du comte, qu'elle enlève, les vers que Figaro a composés pour la fête du matin; le docteur apperçoit le papier, le lit et reconnait son erreur; il rappelle Rosine à la vie, lui demande et obtient le pardon de sa brusquerie, Rosine veut lui montrer les vers de Figaro; il se défend de les lire, et dit à sa belle pupile que sa confiance en elle est tout-à-fait revenue, il lui parle de leur union prochaine; Rosine pressée de lire la lettre du comte, dit qu'elle a la migraine et qu'elle souhaite se retirer dans son appartement; le docteur l'accompagne jusqu'à la porte, lui baise tendrement la main et croit sa fidélité complette, il voit déjà Rosine et la dot en sa possession; on frappe, il va ouvrir.

SCENE IX.

Almaviva, sous les habits d'un bachelier, et rapportant la canne à pomme d'or que Bartholo a prêtée le matin à Basile lorsqu'il s'est foulé le pied, dit qu'il est envoyé par le malade pour donner à sa place leçon de danse à Rosine; le docteur lui dit que Rosine à la migraine, et qu'elle est hors d'état de prendre leçon, mais qu'il ira voir Basile et qu'il le prie de vouloir bien l'y accompagner; Almaviva, confondu, n'a plus qu'un moyen, c'est de remettre la lettre que

Rosine lui a écrite, et que Figaro lui a remise, il dit l'avoir saisie entre les mains de celui qui la portait à Lindor; Bartholo ne peut s'empêcher de verser quelques larmes, il a l'intime conviction de la trahison de sa pupile; le comte le console et lui donne des avis qui ne laissent plus à Bartholo aucun soupçon sur son compte, il se charge de faire entendre raison à l'ingrate, et surtout conseille de lui cacher encore la découverte de ce secret; Bartholo, sur les conseils du comte, va chercher sa pupile.

SCÈNE X.

Le comte, demeuré seul, ne contient plus sa joie; il va voir sa belle maîtresse, il pourra lui parler même en présence de son tuteur, il l'entend venir et se cache.

SCENE XI.

Rosine, suivie de Bartholo et de Susanne, déclare que le seigneur Alonso s'en retournera sans lui avoir donné leçon; le docteur insiste, frappe du pied; à l'instant où le comte se montre à Rosine, elle jette un cri en le reconnaissant, elle est prête à se trouver mal. Susanne assure au docteur, qui ne conçoit pas la raison de cet évanouissement, qu'en frappant du pied, il a froissé celui de Rosine, et pendant que le docteur essuye la partie du soulier qu'il doit avoir touchée, les deux amans se regardent et s'apprennent une partie de ce qu'ils doivent craindre.

(17)

Bartholo dit à Alonzo que la migraine et le mal qu'il vient de faire au pied de Rosine, l'empêcheront de prendre sa leçon; Rosine assure que l'un et l'autre sont dissipés, on ouvre les rideaux qui cachent la glace; Bartholo s'asseoit dans un fauteuil, Almaviva prend une guitare et donne leçon de danse à Rosine; après quelques variations, le docteur harassé des fatigues de la journée, s'endort; protestation des amans, ils se jurent un amour éternel; on ouvre la porte, ils se séparent, c'est Figaro qui voyant Bartholo endormi, vient à lui sur la pointe des pieds, lui prend la clef de la jalousie du salon; Bartholo s'éveille, il trouve tout dans l'ordre, mais il apperçoit Figaro à qui il veut demander la raison de l'état dans lequel il a mis ses deux valets.

La leçon finie, on ferme les rideaux.

Figaro assure qu'il a voulu soulager les deux domestiques, et non pas les déranger de leurs devoirs; si l'un éternue continuellement, on lui dit une bonne foi, Dieu te bénisse, et l'on envoye coucher celui qui ne cesse de bailler; d'ailleurs il est venu pour faire la barbe au docteur et non pour disputer; Bartholo veut le chasser, mais l'entrée de Basile à jetté tout le monde dans la consternation.

SCÈNE XII.

Bartholo craint que Basile ne gâte tout en parlant à Rosine de la lettre qu'elle a écrite à Lindor; il lui fait un geste qui l'invite au silence,

Almaviva.

le même geste est répété par tout le monde, Bartholo lui dit d'assurer, devant Rosine, qu'Alonzo est envoyé par lui, pour donner leçon à sa place, tout le monde répète ce que dit Bartholo; Basile ne conçoit rien à tout cela; qui veut-on tromper, puis que tout le monde est dans le secret, il va faire une question, lors que le comte fait remarquer au docteur l'altération du visage de Basile, et l'invite à lui tâter le pouls; Bartholo suit ce conseil, et le comte saisissant l'instant, glisse dans la main de Basile une bourse pleine d'or, l'agitation de Basile anime le battemens de son pouls, et le docteur assure qu'il a la fièvre, on l'invite à s'aller mettre au lit, et Basile sort suivi de Bartholo.

SCENE XIII.

A peine Bartholo a disparu, que Figaro montre au comte la jalousie dont il a pris la clef; à minuit ils viendront, ils enlèveront et la pupile et la suivante; le comte plein de son bonheur, se jette aux pieds de sa maîtresse, Bartholo entre dans ce moment, il s'approche à pas de loup et entend les protestations de celui qu'il croit être Lindor; sa fureur est au comble, surtout lorsque les amans assurent qu'il se trompe; il veut chasser de chez lui le comte et Figaro, et pour en venir à cette fin, il appelle ses domestiques.

SCENE XIV.

La Jeunesse entre en éternuant, et l'Éveillé baillant, Bartholo leur ordonne de chasser le suborneur et cet intrigant valet; Figaro et le comte rient de ses menaces, et surtout de la figure de ceux qu'il charge de sa vengeance; Bartholo reçoit la plus grande partie des coups destinés à Figaro, qui lui même lui fouette les jambes d'une serviette, dont il s'est emparé, enfin ils sortent, plus de bon gré que de force, et le docteur hors d'haleine, tombe de lassitude.

Fin du second Acte.

ACTE III.

Même Décor que le précédent, il fait nuit.

SCENE PREMIERE.

Rosine sort avec un flambeau, l'heure approche où elle sera délivrée de la tyrannie de son tuteur, son cœur bat... Lindor l'aime sans doute... mais son âme est-elle aussi belle que sa figure, ne se prépare-t-elle pas des chagrins éternels, ces tristes réflexions et les craintes qu'elle éprouve sur la réussite de ses projets, jettent son âme dans une anxiété cruelle : elle entend du bruit, elle tremble, c'est Bartholo.

SCENE II.

Il marque son étonnement de la trouver ici à cette heure ; elle dont la crainte redouble à chaque instant, veut rentrer dans son appartement ; il la retient, et prenant le ton doux, il lui dit : Rosine, vous êtes bien imprudente, je sais tout, et vous allez voir à quel homme vous allez vous livrer, vous allez juger du cœur que vous avez préféré au mien, il lui montre la lettre qu'elle a écrite à Lindor ; à sa vue, elle se sent défaillir et tombe sans force dans un fauteuil.

Elle demande à Bartholo comment cette lettre se trouve entre ses mains. J'étais, lui dit-il, dans une maison, où un cercle nombreux de jeunes femmes étaient rassemblé; un jeune homme entre, je reconnais ce Lindor. Il ne fait aucune attention à moi, et raconte l'histoire qui fait votre honte; il allait la sacrifier à l'une des beautés présentes; lorsque me levant, je saisis votre lettre, et reconnais votre écriture. Voilà, Rosine, voilà la vérité ; repentez-vous, et faites votre devoir.

Rosine ne contient plus ses larmes, la honte et l'amour font à son cœur une guerre cruelle. Elle fait à l'ingrat des reproches amers, puis rendue à elle-même, elle dit à son tuteur qu'elle consent à être unie à lui : elle lui dit qu'à minuit, Lindor et Figaro doivent venir et entrer par la jalousie dont ils ont subtilisé la clef. Bartholo ivre de joie, dit à sa pupille qu'il va chercher la garde, pour arrêter le séducteur et son complice, et qu'il reviendra de suite. Il lui avoue que, comptant sur son obéissance, il avait donné à Bazile l'ordre de faire dresser un contrat, et de venir cette nuit même, qui devait être celle de son bonheur. Il prend son manteau, et sort précipitemment.

SCÈNE III.

A peine Rosine a-t-elle le tems de raconter à Suzanne la trahison de Lindor, qu'elles entendent une mandoline qui leur donne le signal : elles écoutent. Rosine indignée rentre dans son appartement, Suzanne l'y suit.

SCÈNE IV.

Figaro ouvre la jalousie, saute dans l'appartement : tout est calme. Il appelle le comte, il entre ; la crainte et la joie sont peintes sur son visage, il est étonné de ne point voir Rosine, il commence à craindre que le tuteur ne se soit douté de quelque chose, lorsque Figaro voit la clarté d'un flambeau. C'est Rosine suivie de Suzanne.

SCENE V.

Almaviva se précipite aux pieds de celle qui va bientôt lui appartenir à jamais ; Rosine le relève avec dignité, lui fait d'abord des reproches froids, lui raconte ce que lui a dit son tuteur, et sa résolution de l'épouser. Le comte est foudroyé par ces paroles : elle lui montre la lettre qu'elle lui a écrite, et verse un torrent de larmes, que le tendre Almaviva mourrait d'avoir fait couler, si elles n'étaient la preuve de l'amour de Rosine. Il dément les accusations de Bartholo, jette le manteau qui le couvre, et apprend qu'il est le comte Almaviva. La joie de Rosine est trop grande, pour qu'elle puisse la soutenir. Un instant d'évanouissement précède un siècle de bonheur ; l'inquiet Almaviva lui prodigue ses soins, il l'a bientôt rendue à la vie.

Un bruit vient les distraire de leurs caresses, Figaro va voir, c'est Bazile et le notaire qui viennent tout à propos. A l'aspect du Comte, Bazile interdit, s'incline, le Comte ordonne au notaire qui l'a reconnu, de dresser le contrat, et d'y mettre leurs noms. Bazile invité à servir de témoin, n'y consent qu'après avoir reçu du Comte deux bourses d'or, à peine a-t-il signé qu'un nouveau bruit se fait entendre; on a enlevé les échelles de corde par où le Comte et Figaro sont montés, enfin c'est Bartholo, suivi de l'Alcade et de la garde.

SCENE VI.

L'Alcade reconnaissant le Comte, demande au docteur qui il doit arrêter, Bartholo confus, ne conçoit rien à cette aventure extraordinaire. Le Comte déclare au tuteur qu'il est l'époux de Rosine, qu'il la met sous la protection des loix, il lui redemande la dot; l'Alcade intime au docteur, qui l'a refusé, l'ordre de la lui remettre, il va la chercher, puis visitant le contrat; il y voit le nom de Bazile et lui fait des reproches, celui-ci montre son excuse.

Le comte propose au tuteur un accommodement, il va signer sur le contrat, et le comte lui abandonne la dot de Rosine. Après un moment d'hésitation, sur le conseil de Bazile, il va signer.

L'Alcade, les alguasils saluent et se retirent. Almaviva et Rosine passent devant Bartholo et le saluent.

Suzanne et Figaro répètent ce mouvement.

Bazile en fait autant, et lui remet le passe-partout qu'il lui avait donné le matin.

SCENE VII.

Bartholo confondu, maudit sa pupile; son désespoir le porte à vouloir se détruire, mais la dot de Rosine qui rend l'amour de la vie. Il prend le portrait de sa pupile, et après l'avoir mille fois maudit, il le jette par la fenêtre, et rentre emportant son argent dans son appartement.

Changement à vue.

SCÈNE VIII.

Le théâtre représente l'intérieur du château du comte Almaviva.

Le père, la mère et toute la famille du comte, en habits superbes, prennent place sur des fauteuils préparés; une marche où l'on voit les principaux vassaux du comte, des quadrilles de montères, de Catalans, la marche est fermée par le comte et sa jeune épouse, sa nouvelle famille vient la recevoir. Le mariage est ratifié et la fête commence.

Divertissement général.

FIN.

www.ingramcontent.com/pod-product-compliance
Lightning Source LLC
Chambersburg PA
CBHW060639050426
42451CB00012B/2668